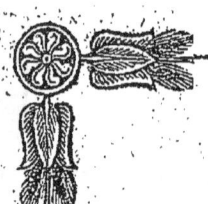 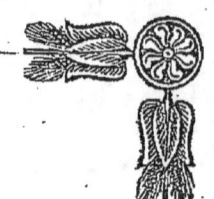

DESCRIPTION

STATISTIQUE, GEOGRAPHIQUE ET MILITAIRE

DU

THÉATRE DE LA GUERRE

AU-DELA DES PYRÉNÉES.

AVEC UNE CARTE GÉOGRAPHIQUE DE CHAQUE ROYAUME OU PROVINCE D'ESPAGNE.

—

1re Livraison.

—

TOULOUSE,

IMPRIMERIE DE K-CADAUX,

RUE DE LA TRINITÉ.

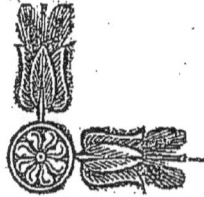 

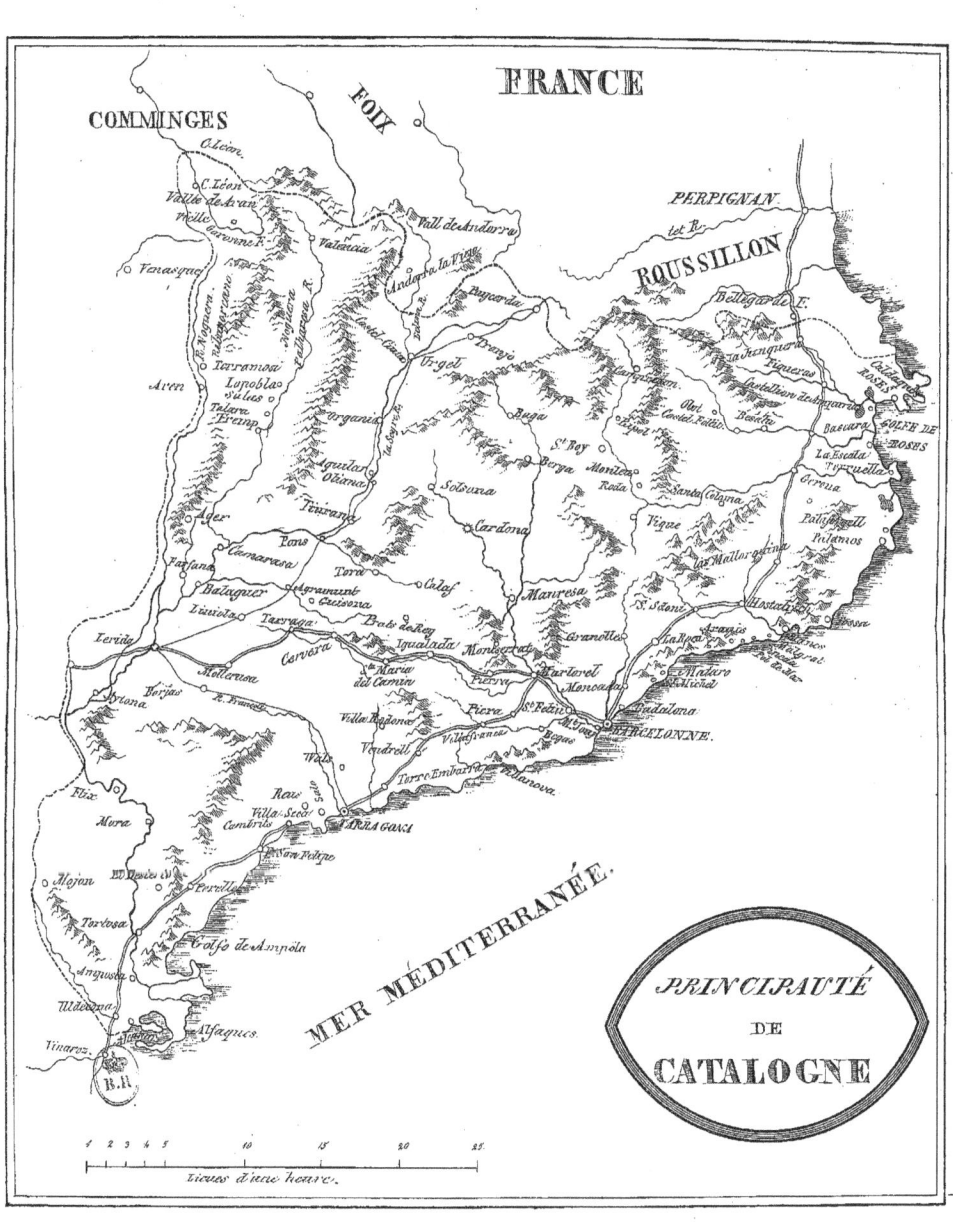

DESCRIPTION

STATISTIQUE, GÉOGRAPHIQUE ET MILITAIRE

DU

THÉATRE DE LA GUERRE

AU-DELA DES PYRÉNÉES,

AVEC UNE CARTE GÉOGRAPHIQUE DE CHAQUE ROYAUME
OU PROVINCE D'ESPAGNE.

(*Extrait de la Gazette du Languedoc.*)

Avec des additions et des modifications.

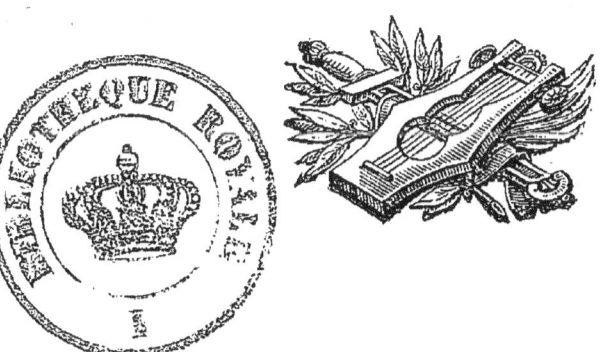

A TOULOUSE,

Chez SENAC, Libraire, place Rouaix.

—

1835.

AVIS.

Cette *Description du théâtre de la guerre* paraîtra en livraisons formant un cahier in 8°. Chacun renfermera un travail particulier sur une Province ou un Royaume : et à chacun de ces cahiers sera jointe une carte géographique.

Il y aura douze ou quatorze livraisons qui paraîtront à des époques indéterminées, mais assez rapprochées pour que l'entière publication soit terminée dans la première quinzaine de janvier.

A la fin de la dernière se trouvera un frontispice orné de l'écu des armes d'Espagne, et l'on pourra le placer en tête du volume.

Le prix de chaque livraison sera de 30 c., et 35 c. FRANC DE PORT.

On souscrit chez SENAC, libraire, place Rouaix, à Toulouse.

Les lettres doivent être AFFRANCHIES.

Toulouse, Imp. de K.-CADAUX.

DESCRIPTION

STATISTIQUE, GÉOGRAPHIQUE ET MILITAIRE

DU

THÉATRE DE LA GUERRE

AU-DELA DES PYRÉNÉES.

Une lutte importante par les résultats qu'elle doit amener, a lieu près de nous ; on peut traverser en quelques heures le court espace qui nous sépare des champs de bataille où deux principes opposés se disputent le sol de cette vieille Espagne, si célèbre par le génie et la valeur de ses habitans.

Mais l'Espagne, est-elle bien connue ? Dans les bulletins des chefs des troupes de la Régente, dans les rapports, ordinairement si courts, des généraux de Don Carlos, n'est-il pas fait mention d'une foule de lieux, de positions, de chaînes de montagnes, de fleuves, dont le plus grand nombre des lecteurs n'a jamais entendu parler ? La statistique de ces provinces, ravagées aujourd'hui par la guerre, n'est-elle pas généralement ignorée ? On connait, dans leurs moindres détails géographiques, l'Italie, l'Allemagne, la France, les îles Britanniques ; il n'en est pas de même de cette extrémité de l'Europe que limitent les Pyrénées et les deux mers.

Ayant acquis par de longs voyages, par des recherches approfondies, par des opérations géodésiques, par des reconnaissances militaires, des notions étendues sur toutes les parties de la Péninsule Hispanique, nous suppléerons à ce qui manque dans les rares descriptions de cette vaste contrée. Nous peindrons successivement, et avec rapidité, la Catalogne, l'Aragon, la Navarre, l'Alava, le Guipuzcoa, la Biscaye, le royaume de Léon et les Asturies, la vieille et la nouvelle Castille, les Andalousies et Murcie, et le royaume de Valence. Une guerre, plus ou moins active, étend ses ravages dans ces belles et vastes contrées; chacune d'elles nous occupera en particulier; et nous n'oublierons ni les mœurs de leurs habitans, ni les ressources qu'elles peuvent encore offrir aux chefs intrépides qui y commandent les armées d'Isabelle II et du Roi Charles V.

PRINCIPAUTÉ DE CATALOGNE.

Après avoir traversé le col de Perthus, au pied des rochers qui supportent le fort de Bellegarde, on entre dans cette vieille Espagne, toujours ensanglantée, toujours ravagée par la guerre, et cependant toujours fertile et belle. La province dont on foule le sol est l'une des plus riches et des plus peuplées de la Péninsule : c'est la Catalogne qui porte le titre de Principauté, et qui est bornée au Nord, par les Pyrénées, au Levant et au Midi, par la Méditerranée et le royaume de Valence, à l'Ouest, par l'Aragon.

Des ramifications ou des contreforts des Pyrénées s'étendent sur une portion de la Catalogne. Ces montagnes, après avoir assez bien fixé les limites naturelles de la France et de l'Espagne, forment principalement « les monts qui distinguent le bassin d'Urgel de celui du Llobregat et que termine, fort au sud, le célèbre Montserrat, sur lequel s'élève, à plus de quinze cents mètres de hauteur absolue, la chapelle de la Vierge. » Ces monts jettent aussi de petites chaînes qui s'effacent dans la vaste plaine d'Urgel, qui s'élargit toujours, et que la Ségre et une foule d'autres cours d'eau arrosent en se mêlant à ceux qui descendent de Cervera, vers Lérida et Balaguer. Parmi ces cours d'eau, il faut distinguer la Noguera Pallarèsa, échappée à la haute chaîne des Pyrénées, et aussi la Noguera Ribagorzana, dont les flots rapides se mêlent à ceux qui rafraîchissent la Catalogne. Cette seconde Noguera sort des bases de la Maladette, cette reine des Pyrénées (1), qui, par ses appendices, forme la séparation de la vallée d'Aran et de la Catalogne.

L'Ebre, la Ségre, le Llobregat, le Ter et la Fluvia sont les cinq fleuves les plus remarquables de la Principauté. Le premier, après avoir dessiné à peu près les limites méridionales des provinces d'Alava et de Navarre, divise l'Aragon en deux grandes parties, traverse une petite portion

---

(1) Le *pic d'Aule*, à 1505 toises; le *Som de Seube*, 1607; le *pic du midi d'Ossau*, 1471; le *pic d'Arrieu blanc*, 1541; *Vignemale*, 1721, le *pic du midi de Bigorre*, 1466; *Neouvielle*, 1619; le *Pic-Long*, 1668; le *Mont-Perdu*, 1747; la *Maladetta*, 1787 toises.

de la Catalogne, se ramifie en deux branches, et après un cours d'environ 120 lieues, verse le tribut de ses eaux dans la Méditerranée. La principale de ses embouchures, située par 17 dégrés 20 minutes de longitude orientale et 40 degrés 35 minutes de latitude (Nord), forme un port nommé *los Alfaques*. La Sègre vient des montagnes de France, et parcourt un très-petit espace dans le département des Pyrénées-Orientales ; les premiers torrens qui la forment, réunis aux environs de Llivia, commencent à lui donner sur ce point l'apparence d'une rivière ; son cours total, dans la direction du Nord-Est au Sud-Ouest, est d'environ 50 lieues, et après avoir arrosé Balaguer et Lérida, elle entre dans l'Aragon et se jette dans l'Ebre, non loin des limites de la Catalogne. Le Llobregat vient des montagnes qui séparent son bassin de celui de la Cerdagne, où coule la Ségre ; il traverse, autour de Manrésa, de vastes plaines que fertilisent le Rio Cardenne et ses autres affluens ; puis il entre dans un vallon étroit et tortueux, et se jette dans la Méditerranée, à une médiocre distance de Barcelonne.

Le Rio Ter, qui descend des Pyrénées-Orientales, a d'abord deux branches qui se réunissent à Ripoll, et coule ensuite vers Monleu et Rodat, vis-à-vis et au Nord des hauteurs de Vich ; il se retourne ensuite à l'Est et va baigner les murs de Gironne, avant d'aller porter son tribut à la mer.

La *Tordera* est formée des eaux qui bornent, au Sud, le bassin du Rio Ter. On la voit, grossie de beaucoup d'affluens, près d'Hostalrich : elle tombe dans la Méditerranée près de Planés ou Blanés, petit port où passe la route riveraine. La grande voie de France, à travers la Catalogne, parcourt le bassin de la Tordera, qu'elle côtoie, toujours sur la gauche, et qu'elle ne quitte qu'en s'élevant, plus loin que San-Celoni, par le col fameux de *Trenta passes*, qui conduit dans le bassin du *Rio Besos*, dont les sources se trouvent à l'Occident des pics de Malagall ou de Marseu. C'est vers ce point qu'existe le col de Bolena, par lequel on se rend à Vich, en entrant dans le bassin du *Ter*.

La Catalogne est de figure presque triangulaire. Sa surface est de 1093 lieues castillanes carrées. Sa population, à l'heure où nous écrivons, s'élève à 870,740 habitans. Sur ce nombre, on comptait, il y a peu de mois, 10,376 prêtres séculiers ou réguliers et novices, non encore dans les ordres, et environ 1200 religieuses. On peut affirmer que c'est la province la plus industrielle de l'Espagne. On y trouve d'importantes fonderies; on en tire et on y travaille des marbres de la plus grande beauté. Elle possède de nombreuses fabriques d'étoffes de soie, de laine, de coton; elle a des papeteries, des tanneries, et ses dentelles sont l'objet d'un commerce étendu. Dans les années peu abondantes, les grains qu'on y récolte ne suffisent pas à la consommation. On y recueille du riz, des vins plus ou moins bons, des huiles estimées, des fruits délicieux; l'oranger y prospère. On y cultive avec succès le lin, le chanvre, la garance; on en retire du liège, de la barille, de la soude. Le voisinage de la Méditerranée a fixé l'attention des Catalans. C'est par mer qu'ils exportent les denrées, les marchandises de leur sol, et ils ont autrefois étendu leurs relations commerciales dans toutes les parties du monde connu.

Les Catalans sont actifs et braves. Les Comtes de Barcelonne ont joué un grand rôle sur la scène politique durant le moyen-âge, et lorsque ce pays fut réuni á la couronne d'Aragon, les habitans continuèrent à jouir de leurs franchises et de leurs libertés. les *Universidades* ou communes, le clergé et la noblesse, formaient les États, l'assemblée nationale, et là on décrétait des lois, auxquelles le comte ou le roi donnait son approbation, et qu'il faisait exécuter. Ils refusèrent, en 1273, d'accompagner Jacques le conquérant dans son entreprise sur Valence, parcequ'ils ne devaient combattre que pour l'intérêt de leur patrie. Quatre ans après, ils prirent les armes contre Pierre III, qui, en prenant la couronne n'avait pas convoqué leurs états, et promis de respecter les priviléges de la province. Vers la fin du quinzième siècle, voyant leurs priviléges presqu'abrogés, ils prirent les armes, et érigèrent la Catalogne en un état indépendant ; et si, après douze années de guerres, ils reconnurent l'autorité du monarque, ce ne fut que parce qu'il jura de les gouverner constamment selon leurs antiques lois. On les violait cependant toujours. En 1640, deux députés de la province avaient été réclamer, auprès de Philippe IV, l'observance de ces coutumes : le roi les fit arrêter. Aussitôt toute la province fut soulevée et elle invoqua le secours des Français, appelant Louis XIII, sur le trône relevé des Comtes de Barcelonne. De larges concessions purent seules la rattacher à l'Espagne. On l'a vue depuis soutenir une lutte acharnée en faveur de la maison d'Autriche, contre le petit fils de Louis XIV.

Ce fut alors que la Catalogne perdit toutes ses franchises, toutes ses libertés. On ne pouvait mieux la punir de sa longue et sanglante résistance. L'amour de l'indépendance arma toute la Principauté contre les Français dans la guerre de 1808 à 1813, et l'on sait par combien de siéges, par combien de combats il fallut acheter la possession de cette contrée, où, malgré tant d'efforts, on n'obtint jamais une soumission complète.

La vaste étendue de la *Principauté* avait porté à la diviser en quatre provinces, dont Gironne, Barcelonne, Tarragone et Lérida étaient les chefs-lieux. nous allons suivre cette division administrative qui nous fournira les moyens d'entrer dans les détails dont l'intérêt est accru par les événemens dont cette contrée est le théâtre.

Nous commencerons par la *Province de Gironne* ou de *Gérone*; elle comprend, la Cerdagne Espagnole, et le comté d'Ampurias. Elle est bornée au Nord par le Roussillon, aujourd'hui Département des Pyrénées-Orientales; à l'Est, par la Méditerranée; au Couchant, par la Province de Barcelonne. C'est un pays hérissé de montagnes, coupé de rivières et de torrens. Là, chaque défilé a souvent été disputé par un petit nombre d'hommes à de nombreux corps d'armées. Là, les *Somatenes* et les *Miquelets* ont fait une guerre cruelle, incessante, aux étrangers qui ont voulu soumettre la contrée.

Gironne ou plutôt Gérone (*Gerunda*) est la capitale de cette province; son évêché est très-ancien. Démantelée aujourd'hui, elle est célèbre par les siéges qu'elle a soutenus. Vingt-deux fois elle vit les ennemis déployer leurs tentes autour de ses remparts, et vingt-deux fois elle repoussa leurs attaques. Elle résista long-temps aux armées de Napoléon débordées dans la Péninsule. Elle est bâtie sur les bords du Rio Ter, a son confluent avec l'Oña, au pied de montagnes difficiles et escarpées.

La *Junquera*, que des bulletins christinos ont fait considérer comme une place de guerre, n'est qu'une mauvaise bicoque sur la grande route de Perpignan à Barcelonne.

La ville de Figuères n'et presque rien comme place forte, mais sa citadelle de San-Fernando est une des mieux construites de l'Espagne.

Hostalrich pourrait faire aussi une grande résistance. Elle est dans la vallée de la Tordera.

Les ports de Palamos et de Guixols, défendus par quelques batteries vers la mer, n'offrent pas, du côté de terre, de grands moyens contre un ennemi entreprenant ; la Bisbal, la Escala et Rosas sont encore de lieux remarquables de cette province. le château de Roses a été assiégé durant les guerres de la république et de l'empire ; son port a aussi plusieurs batteries.

De vieilles enceintes percées de créneaux ou de longues meurtriéres environnent plusieurs bourgs de la province, mais ce ne sont point des places capables d'arrêter une armée bien commandée. Cependant ces murs, à demi-entr'ouverts sont des postes qu'on ne peut emporter sans peine, pour peu qu'ils soient défendus, et l'on se rappelle les combats multipliés qui ont eu lieu sur les hauteurs de Santa-Coloma, à Olot, Besalu, Bascara, sur la grande route de France, dans le bassin de la Fluvia, et à Ripol et Campredon, qui se trouvent, comme l'indique fort bien M. Bory de Saint-Vincent, dans la partie supérieure du *Rio Ter*, sur une communication qui, de Pratz de Mollo, dernier lieu de la France, conduit à Vich, au cœur de la Catalogne.

Aucune des villes de cette provinte n'a une forte population. Celle de Gironne n'est que d'environ quinze mille ames, et c'est la plus considérable.

La province de Barcelonne est bornée, au Sud, par celle de Tarragone et la mer ; à l'Est, par celle de Gérone; à l'Ouest et au Nord, par celle de Lérida. Le terrain est presque partout accidenté; de hautes montagnes s'y élèvent, et les chemins n'y sont très-souvent que de longs et dangereux défilés. Barcelonne, qui lui donne son nom est à 35 lieues de la France, à 21 de Gérone, à 55 de Tarragone et à 30 de Lérida. Elle est, en ligne droite, à 108 lieues françaises de Madrid, mais, en mesure itinéraire, à plus de 130. C'est une des places les mieux fortifiées de l'Espagne. Son port est superbe. L'intérieur de la ville ne manque pas d'agrément. On y voit même quelques monumens remarquables. Elle renferme plus de cent quarante mille habitans. La forteresse de Montjouy complète le système de défense de Barcelonne. La supercherie seule put en rendre maître Napoléon, et ce grand capitaine sentait si bien toute l'importance de cette position, que lorsqu'il envoya le maréchal Gouvion-Saint-Cyr en Catalogne, celui-ci lui ayant demandé s'il n'avait pas d'instruction particulière á lui donner, l'empereur répondit : « Non ; la seule chose que je vous recommande, c'est de faire tous vos efforts pour me conserver Barcelonne, car si vous perdiez cette place, je ne la reprendrais pas avec 80,000 hommes. » Elle a soutenu un grand nombre de siéges et a été obligée de se soumettre plusieurs fois. Le peuple des manufactures de Barcelonne est, comme dans toutes les villes industrielles, séditieux, *émeutier*; l'assassinat et le pillage lui coûtent peu. Le meurtre est une des coutumes de cette ville, et malheur au chef politique ou militaire que l'on y soupçonne de trahison.

Les lieux les plus dignes d'attention, après Barcelonne, dans la province de ce nom, sont Mataro, petite ville très-remarquable, sur le bord de la mer ; Saint-Michel, qui en est à quelques lieues, et d'où l'on voit le Montserrat ; Grannolers, qui est peu de chose ; Martorel, Iguaada, Santa-Coloma, Manrésa et Vich ou Vique. Là, on retrouve par-tout des traces de combats ; là, chaque buisson, chaque défilé, chaque rocher a été témoin de plusieurs brillans faits d'armes , et la guerre que les partisans de D. Carlos y font aujourd'hui à la révolution, a encore illustré ces lieux, et ensanglanté de nouveau cette terre historique.

La *Province de Tarragone* tire son nom de sa capitale , qui fut le chef-lieu de l'une des principales provinces de l'Espagne sous les Romains. Partout , dans les campagnes qui l'environnent , on trouve des débris de son ancienne magnificence. Mais il faut mettre au rang des fables les récits de ces écrivains qui disent qu'alors plus de deux millions d'habitans étaient réunis dans ses murs. La Province actuelle est bornée, dans sa direction du Sud-Ouest ou Nord-Ouest, par la mer ; au Nord , par celles de Barcelonne et de Lérida ; à l'Ouest, par l'Aragon et par le royaume de Valence. Elle renferme la partie la plus méridionale de la Catalogne.

Tarragone n'a guère plus de 7 à 8000 habitans. Placée sur un rocher calcaire de 200 mètres, ou de plus de 600 pieds au-dessus du niveau de la mer, c'est encore une place forte ; elle est le siége d'un évêché, et l'on y trouve quelques manufactures d'étoffes de soie. Elle est à 15 lieues de Barcelonne , 16 de Lérida , 42 de Saragosse, 48 à 50 de Valence, et 87 de Madrid. A 15 lieues de Tarragone, sur l'Ebre, et à 4 lieues de la mer , est Tortose, ville très-forte , située sur une riante colline qui s'élève au-dessus de délicieuses campagnes arrosées avec soin par de nombreuses Norias. Dans cette province est encore une bourgade qui a une grande importance manufacturière ; c'est celle de

Reus. C'est un lieu où il y a beaucoup de *brûleries* ; on y réduit en eau-de-vie les vins les plus communs du *Camp de Tarragone*, tandis que ceux des meilleurs crûs sont expédiés au loin. La petite baie de Salo, à 2 grandes lieues de Reus, est le port où l'on embarque ses vins et ses eaux-de-vie ; une chaussée superbe y conduit.

Villafranca a quelque importance militaire : cette petite ville, placée sur la route de Barcelonne à Tarragone, pourrait, si elle était occupée en force, paralyser, vers le Midi, l'influence de la capitale de la Principauté, empêcher les troupes que l'on y réunit de s'étendre vers Tarragone, et rendre ses communications difficiles avec Tortose, Valence et Saragosse.

Ce qu'on nomme le Camp de Tarragone (*el Campo de Tarragona*), s'étend surtout entre Tarragone et Reus. C'est une plaine qui a plus de quatre lieues de diamètre, et qui est, sans doute, l'une des plus belles et des plus fertiles, non seulement de l'Espagne, mais de toute l'Europe. Là, sont de beaux villages, des plantations admirables. C'est un pays très-riche.

Il nous reste à décrire, en peu de mots, la *Province de Lérida* Elle est bornée au Nord par le département de l'Ariége et par la *Vallée d'Andorre*, heureuse contrée, où, depuis plus de mille ans, la législation n'a point changé, où les erreurs modernes n'ont point pénétré, où l'on est libre, bon, religieux, hospitalier, où il n'y a que des amis et des frères. L'Aragon borne la province à l'Ouest, et celles de Barcelonne et de Tarragone au Sud-Ouest. Sa partie septentrionale est montueuse ; des *garrigues* ou de vastes plateaux et des plaines, parmi lesquelles il faut distinguer celle d'Urgel, forment sa partie septentrionale.

L'ancienne *Ilerda*, aujourd'hui Lérida, en est la capitale. Cette ville est bâtie sur la Ségre, à environ une lieue au-dessous du point où cette riviere reçoit le tribut de la Noguera Ribargorzana. Elle a un siége épiscopal, et ses fortifications lui ont donné une grande importance. Sa population est de 15 mille ames. Son climat se ressent à la fois et du voisinage des Pyrénées et de l'exposition méridionale.

Balaguer est une autre place forte sur la Ségre, au Nord-Est de Lérida.

Cervera est encore un lieu fortifié sur la route qui conduit à Barcelonne. Son occupation instantanée avec celle de Villafranca aurait beaucoup d'influence sur les événemens militaires; elle contribuerait à resserrer la garnison, ou l'armée de Barcelonne, dans un rayon peu étendu autour de la place.

Nous avons parlé de l'admirable plaine d'Urgel. La ville qui lui donne son nom est un siége épiscopal. Le Prélat qui l'occupe partage avec le roi de France les droits de suzeraineté sur la vallée d'Andorre et nomme l'un des deux viguiers qui en sont les premiers magistrats. Près de cette ville est le fameux fort de la Seu d'Urgel, dont la prise honora la carrière militaire du fameux Trapiste. C'est là que s'établit cette junte qui osa lever l'étendard de la Royauté contre les revoltés de l'île de Léon et contre leurs partisans; junte dont l'héroïque dévoûment a été si mal récompensé par Ferdinand VII.

Le nom de *Salsona* a déjà retenti dans la guerre actuelle : c'est une petite ville florissante par ses tissus de fil, de soie et de coton.

Cardona est célèbre par ses mines de sel. Elle est située sur le *Rio-Cardone*, au-dessus d'un rocher immense, tout formé d'un sel très-pur. A l'Est de la Ségre sont Calaf, Guisona et Agramunt, lieux que les troupes carlistes ont occupé. *Tremp* et sa *Conque*, Talaru et la Pobla sont les lieux les plus considérables, situés sur les bords du *Rio-Pallaresa* : au Nord se trouvent les contre-forts de la Maladetta, que plusieurs ports rendent accessible, et, au-delà, la Vallée d'Aran, située sur le revers Septentrional, et qu'une convention matrimoniale a donnée à l'Espagne.

On peut pénétrer de France en Catalogne par plusieurs passages plus ou moins faciles.

La route la plus fréquentée sort de France au Perthus, passe à la Junquera, de là à la Parada, à Molins et à Figuères.

Une autre qui suit la côte vient de Perpignan, passant par Elne, Argelés, Collioure ; vers Bigorre elle se bifurche. La branche de gauche va à Cervera en Espagne en laissant la côte. Elle longe celle-ci arrivant à la Calla y Puenta de Cervera, à Vilamanis de Llansa, à la Selva de Mar, qui se projète en avant et est, avec le rocher nommé Isla y cap de Creus, le point le plus avancé dans la mer de cette partie de la côte espagnole. Cette route touche ensuite à San Pedro de Roda et à Cadaques, traverse Rosas, et rentre dans les terres, ou vers Figuères, en traversant le bourg de Peralada et Vilavertan. A Cervera, une autre route, ouverte sur la droite, mène aussi à Peralada en passant par Quirch et Rabos. Dans le triangle formé par les routes, on trouve Garriguellas, Villajugués, S. Pau et Palau.

Campmanny est entre la Parada et Peralada.

Passant à Ceret, Arles et Saint-Laurens en France, un autre passage pénétre en Catalogne, laissant à droite Ribellas, à gauche Cabrera, Buscaros, Carbonils, et passant à Molins, dont nous avons déjà parlé, il va joindre la grande route de Perpignan à Figuèras, au-dessus et à une partie distante de cette ville.

Par Prats de Mollo une autre route conduit à Campredon, tandis qu'au dessous de Mont-Louis deux autres conduisent l'une à Ribas, l'autre par Puigcerda, Talltorla, Isobal, Bellever, Pont de Bar, Torrés, à Urgel et Castel-Ciutat.

Plus loin, à droite encore, on débouche de l'Andorre, et passant à Urgel, Castel-Ciutat, une route conduit du premier lieu à Navines, Fornols et Nargo; elle jette à gauche un embranchement par Saint-Llorens et Moracondat. La route continue ensuite de Saint-Llorens à Salsona et à Cardona, qui communique avec Berga par un chemin qui passe au bourg de Ceseras, d'où des corps de partisans peuvent, par Prats de Llusanès et Saint-Feliu, se porter vers Gérone.

Telle est la *Principauté de Catalogne* dont nous n'avons pu nommer tous les villages, mais dont nous avons fait connaître les lieux les plus remarquables. Il n'est aucune partie de l'Espagne où une guerre de postes puisse être entretenue plus long-temps. En donnant aux villes 250 mille habitans nous exagérons peut-être ; mais en prenant ce chiffre pour base de notre calcul, on verra qu'il reste dans les campagnes plus de six cent-vingt mille ames.

www.ingramcontent.com/pod-product-compliance
Lightning Source LLC
Chambersburg PA
CBHW030112230526
45471CB00003B/1376